フィリピンと周辺の国ぐに

フィリピン

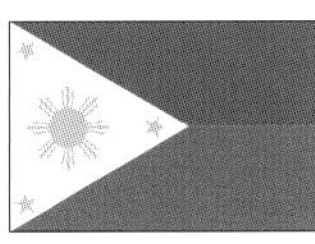

正式国名

フィリピン共和国

面積

30万km²

（日本は37万7975km²）

人口

1億812万人

（日本は1億2602万人）

国旗

白地の三角形にある太陽は「自由」を、８つの光の筋はスペインに対する独立運動に参加した８州をあらわす。すみの３つの星は、ルソン島、ビサヤ諸島、ミンダナオ島を象徴。国旗上の青は「統一と高貴な未来」、下の赤は「勇気」をあらわしている。

日本との距離

東京からマニラまで
直線距離で約**3000km**

時差

日本と1時間の時差がある。首都マニラは、東京より1時間おそい。日本が昼の12時のとき、マニラは午前11時。

気候

高温多湿の熱帯気候。島によってはモンスーン（季節風）の影響による雨季と乾季がある。

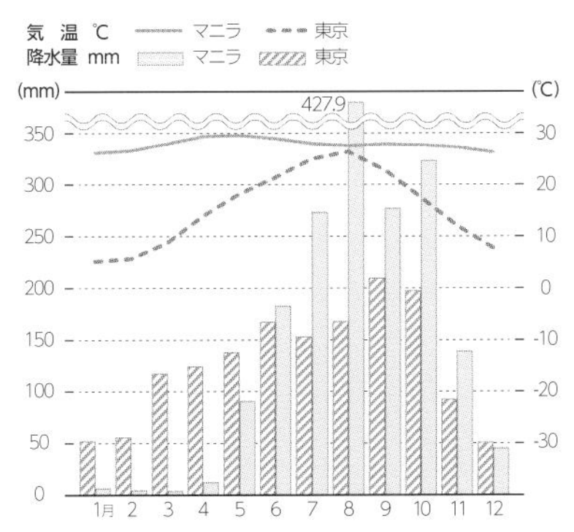

▲マニラと東京の月別平均気温と降水量。
（※マニラの降水量は、2017年の観測値）
（『理科年表 2020』丸善出版）

フィリピンの世界遺産

フィリピンでは、2019年現在、次の6件が世界遺産として登録されている。

- トゥバタハ岩礁自然公園
- バロック様式教会群
- コルディレラの棚田群
- 古都ビガン
- プエルト・プリンセサ地下河川国立公園
- ハミギタン山地野生生物保護区

▲ルソン島北部バナウェにあるコルディレラの棚田群。山の斜面を利用して水田が築かれている。

▲マニラのサン・アウグスチン教会はバロック様式の建築で、フィリピン石造建築のなかでももっとも古い教会のひとつ。

▲マニラの北約400kmにある古都ビガンの歴史あるまちなみ。スペイン統治時代に商業・貿易の拠点として栄えた。

現地取材！ 世界のくらし 6

フィリピン

文・写真：関根 淳　監修：寺田勇文

揺れを少なくするため、船の両側に浮木をとりつけたボート（ミンダナオ島ダバオ湾）

ミンタナオ島ダバオ湾の浜辺で遊ぶ子どもたち。

マニラのサンタアナ地区に住む家族。

マニラのトンド教会でろうそくに火をともす少女。

聖ヨハネの誕生を祝うパレードに参加する子どもたち。

もくじ

◀こちらのサイトにアクセスすると、本書に掲載していない写真や、関連動画を見ることができます。

ルソン島パンパンガ州で出会ったきょうだい。

船大工の父親がつくった木造船で遊ぶ子ども。

ミンダナオ国際大学附属小学校の入学式。

マニラのトンド地区のまちなみと子ども。

自然豊かな美しい島国

ルソン島北部バナウェにある世界遺産「コルディレラの棚田群」。山の斜面を利用して棚のように水田が築かれている。

大小7100以上の島からなる国

フィリピンは日本から約3000kmの南に位置し、大小7100以上の島じまからなる東南アジアの国です。島の総面積は日本の5分の4くらいで、正式名称をフィリピン共和国といいます。いちばん大きな島が首都マニラのあるルソン島、つぎに大きいのが南にあるミンダナオ島で、この2つの島で国土面積のおよそ3分の2をしめています。

▲ルソン島のタール湖近くの道路ぞいには、収穫したばかりの果物がならべて売られている。

▲フィリピン南部、ダバオ湾にあるサマール島の滝公園で川遊びをする家族。

▼熱帯気候特有の色とりどりの花や果実。

▲ミンダナオ島ダバオ市郊外の山道を馬で登る親子。

1年じゅう暑い熱帯気候

フィリピンは赤道のすぐ北に位置しているので、山岳部をのぞき、年間を通じて暑い国です。年の平均気温は26～27℃です。日本のような四季はありませんが、モンスーン（季節風）の影響で、島によっては雨季と乾季があります。こうした熱帯気候に特有なサンゴ礁の海には色とりどりの熱帯魚が、そして熱帯林にも多種多様な動植物がくらしています。

またフィリピンは、日本もふくまれる環太平洋造山帯という地殻変動の活発な地域に位置しているため、今でも約20の火山が活動中で、噴火や地震がしばしば起きています。

▲ターシャとよばれる世界一小さいフィリピンメガネザル（ボホール島）。

▲ミンダナオ島の海辺の魚網の上で遊ぶ子どもたち。

▲ドリアンの受粉を助けるコウモリ、フルーツバットの大群。夜行性のため、日中は洞窟に逆さまになってぶらさがっている。

▼ルソン島南部のタール火山（中央の島）とタール湖。1700年代の噴火で海がせきとめられ、湖になった。2020年にも大規模な噴火が起きている。

明るく若さあふれる国

1年じゅう、どこかのまちでキリスト教のお祭りや聖人を祝う日があり、人びとは盛装してパレードなどをおこなう。

動画が見られる!

マレー系や中国系、スペイン系の人びとがくらす

フィリピンは、立憲共和制の大統領がいる共和国です。民族としてはおもにマレー系（マレー半島を起源とする民族）の人たちですが、中国系やスペイン系も多く、それらの人びとと混血した人たちが多くいます。また、300年以上にわたるスペインの植民地支配がおよばなかった山岳地帯などには、今もたくさんの先住少数民族が、伝統的なくらしを続けています。

宗教は、国民の約81%がキリスト教カトリックの信者で、その他のキリスト教徒が12%、イスラム教徒が約5%です。ただしフィリピン南部のミンダナオ島では人口の約20%がイスラム教徒です。

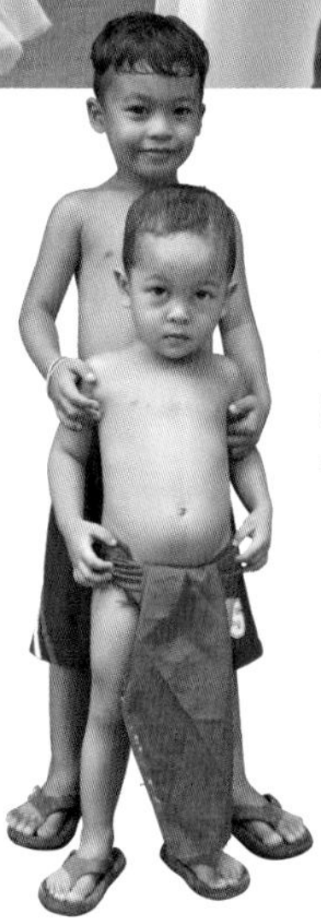

◀ルソン島サンバレス州の山岳地帯に住む先住少数民族アエタ族の子ども。

▼マニラのゴールデン・モスクの横に設けられたイスラム学校で学ぶ子どもたち。

▲マニラのビノンド教会にあるキリスト像の下で祈りをささげる若者。

英語が得意な国際人

フィリピンの国語は、フィリピノ語と憲法で定めています。首都マニラなどで話されてきたタガログ語を中心に、各地方の言語からつくられました。公用語はフィリピノ語と英語ですが、そのほか80前後の言語があるといわれています。1900年代初頭にアメリカの植民地となり、英語教育を受けたフィリピン人は、明るい性格と得意な英語を使って船員や看護師、建築作業員、エンジニアなど、すぐれた労働者として世界各地で活躍しています。リゾート地として有名なセブ島などは、英語の語学学習の留学先としても、近年注目を集めています。

▲マニラ市内にある道教という宗教の信願寺。中国の影響を受け信仰されている。

▲イスラム教の礼拝所のモスクでは、1日に5回礼拝がおこなわれる。

▲中華街のまちかどの十字架を前に、祈りをささげるキリスト教徒。

元気な若い世代と変化する産業

フィリピンの人口は1億812万人で、平均年齢は24歳（日本は47歳）と働きざかりの人口が多く、まさにこれからも発展しつづける可能性が高い、若さあふれる元気な国です。

産業としては農林水産業にたずさわっている人たちが多く、自然豊かなフィリピンを代表しています。また1990年代に工業化政策が進められ、コンピューターなどの電子機器や自動車を製造する工場も多くあります。しかし近年はその成長にかげりが見られ、かわってサービス業につく若い世代がふえ、現在のフィリピン経済の発展をささえています。

◀急速な発展を続け、高層ビルがたちならぶフィリピンの首都マニラ。

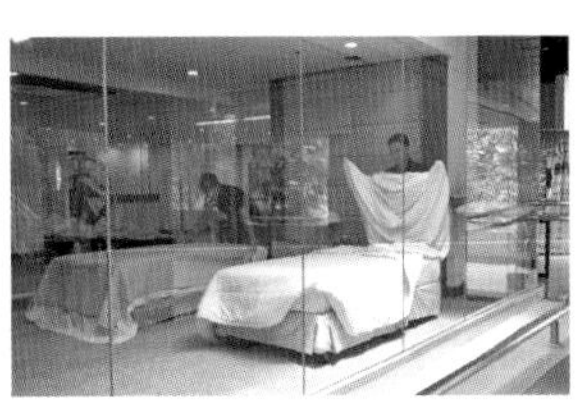

◀観光業を専門とする学校でベッドメイキングを学ぶ学生。

▶将来、海運業などで活躍することを期待される船員学校の学生。

住居と習慣①

警備員つきの住宅地

ゲートで訪問する家につないでもらい、チェックを受けないと入れない。

鉄筋コンクリートの一軒家の１階（広い居間・台所と寝室の２部屋）と、ガレージを借りている。

一軒家の１階を借りて住む

フィリピンの首都マニラには、富裕層が住む高層マンションやビレッジといわれる一軒家が集まった住宅地がたくさんあります。ビレッジの入り口には、24時間警備員がいるゲートがあることが特徴で、中間所得層から富裕層の多くが住んでいます。

カート・ダシアンさんの一家は、こうしたビレッジの一軒家の1階だけを借りて住んでいます。お父さんのセンディンさんは海軍で働いていて、週末だけ家に帰ってきます。お母さんはアテネオ・デ・マニラ大学で事務員をしています。10歳のカートさんと8歳のビア・マーガレットさんは、お父さんとお母さんが大好き。家族みんながそろう週末を楽しみにしています。

家の中はせいけつで風通しがよく、日中でも扇風機だけでじゅうぶんすずしく感じられます。クーラーがあるのは寝室だけです。玄関を入ってすぐの居間で、みんなでテレビを見たりおしゃべりをしてすごします。子ども部屋はなく、ダイニングテーブルで宿題などをします。

▲玄関を入るとダイニングもかねた大きな居間がある。玄関は網戸つきの二重扉。

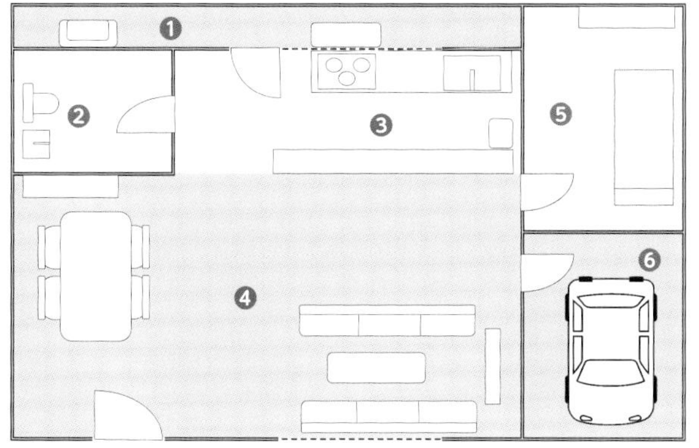

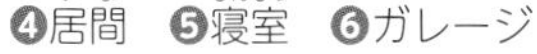

①サンルーム　②トイレ・シャワー　③台所
④居間　⑤寝室　⑥ガレージ

◀壁に大切にかざってある家族写真。お父さんは海軍の制服を着ている。

▼カートさん一家は、けいけんなカトリック教徒。聖母マリアの絵（聖画）がかざられていた。

▲台所の奥には流し台がついた広いサンルームがあり、洗濯機も置いてある。

インタビュー

遊べるのは土曜日だけ

カート・ダシアンさん
［アテネオ・デ・マニラ大学 附属小学校］

毎日いそがしいよ！

学校の勉強では算数が得意で、将来の夢はエンジニアになることです。小学校では毎日小テストがあるし、平日と日曜日は夕食のあとに宿題と自習をしているから、友達とゆっくり遊べるのは土曜日だけなんです。

大好きなバスケットボールやサッカーなどの習いごともしてみたいけど、今はがまんしています。両親が共働きなので、家の床のモップがけや、飲料水のタンクを運ぶ手伝いをしています。

家族ですごす週末

お母さんが台所、お父さんが奥のサンルームで夕食の準備。

楽しい夕食の準備

1週間ぶりの家族そろっての夕食を、お父さんとお母さんが準備しています。フィリピンの台所のこんろは、電気こんろかプロパンガスが一般的です。温水は電気湯わかし器を使うので、ガスを使うのは基本的に調理するときのみです。ガスが切れたら、ガソリンスタンドに買いに行くか、配達してもらいます。

◀流し台の下にはプロパンガスが置いてある。

特徴的な調味料

❶サトウキビの酢（魚や肉の煮物、揚げ物などに使う）
❷魚醤油（魚を発酵させたもので、スープなどに使う）
❸フィリピンしょうゆ（煮こみ料理などに使う）
❹黒コショウ（フィリピン料理でよく使う）
❺かんきつ類の香りつきの液体調味料（揚げ物などにかける）

ここに注目!

フィリピンの人はとてもせいけつ好き

一般的なフィリピンの家では、トイレとシャワー室がいっしょになっていて、浴そうはありません。1年じゅう暑いフィリピンでは毎日たくさん汗をかきますが、フィリピンの人はせいけつ好きで、1日に3回～5回はシャワーを浴びて着がえます。だからお母さんは、洗濯がたいへんだそうです。

▲友達が遊ぼうとむかえに来た。

▲おじいさんの家の前で、近所の友達とバスケットボールで楽しむ。

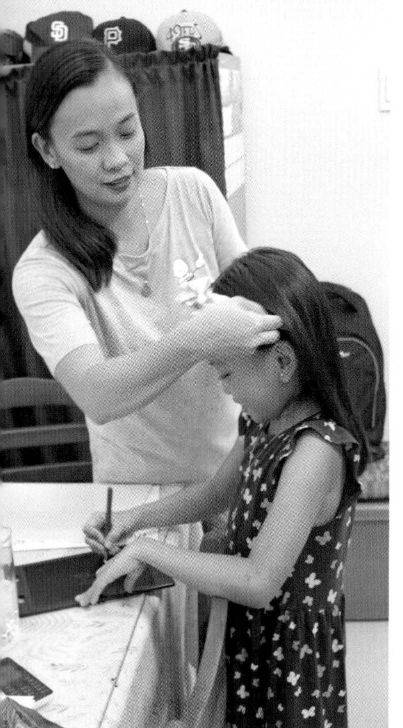

▲外に出かける前は、お母さんに髪の毛をととのえてもらう。

◀洗面台と水洗トイレ、シャワーがひとつにまとまっている。トイレは、水をためたバケツからひしゃくですくって流すところもある。

カートさんの1日は大いそがし

小学5年生のカートさんの学校生活は、朝5時に起きてから夜の9時にねるまで、大いそがしです。平日の1日を見てみましょう。

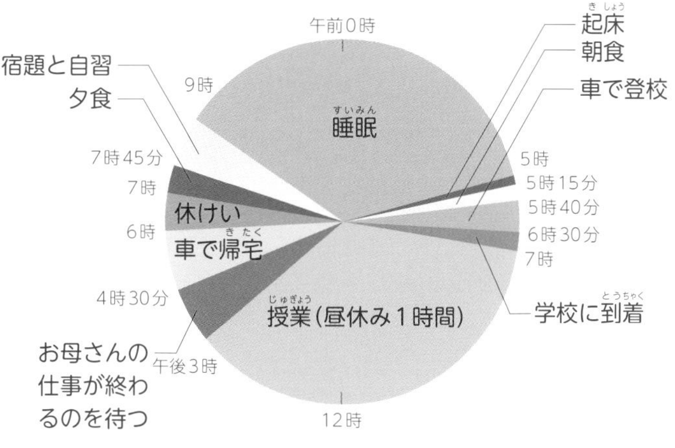

私立のカトリック系の小中高一貫校に通っている妹のマーガレットさんは、カートさんほどではないですが、やはり毎日勉強がいそがしいそうです。だからこそ、家族がそろって遊べる週末は特別なものなのです。

今から遊びに行くよ！

▲いつも笑顔でたくさん勉強、たくさん遊ぶ。

住居と習慣③

さまざまな種類の家

子ども部屋のある家

マニラ郊外にあるマリージャスティンさんの家は、2階建ての大きな家で、IT企業で働くお父さんと主婦のお母さん、3人のきょうだいで住んでいます。大学生のお兄さんは勉強机とコンピューターがある一部屋をもらい、高校生のマリージャスティンさんは中学生の妹と2人で大きな一部屋を使っています。

比較的裕福な家庭の子どもは、学校でも家の中でもすべて英語で会話することが多くなっていますが、この家の3人の子どももやはり会話は英語です。フィリピノ語で会話しているお父さんお母さんとしては、子どもたちの英語が上手になるのはうれしいのですが、自分たちの国語であるフィリピノ語の繊細な表現などもわすれてほしくないと思っています。

台所と洗面所をのぞいて5部屋ある2階建ての家に、家族5人で住んでいる。

▼居間から台所を見たところ。右側に階段がある。

▼妹2人で一部屋を使う。ベッドの両側にそれぞれの勉強机がある。

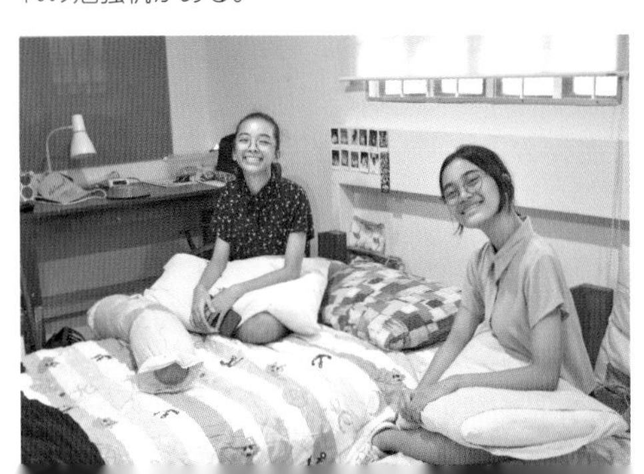

インタビュー

書く仕事に興味がある

私がつくった学校新聞だよ！

マリージャスティンさん
[カトリック系女子高2年生]

私は社会科と英語の授業が好きで、学校から帰ってきてから毎日1時間以上は予習・復習をしています。学校新聞の編集長をしているので、世の中の動きにとても興味があります。将来は何かものを書く仕事ができたらいいなと思っています。

▲壁や棚にはキリスト教の宗教画や聖像がたくさんかざってある。

◀マニラ北西部にあるトンド地区のまちなみ。

貧しい人びとのくらし

フィリピンは貧富の差がはげしく、比較的貧しい人たちが集まって住んでいる地域もあります。マニラ北西部にあるトンド地区の家を訪問しました。

家の中を案内してくれたドローレスさんは、何年かおきに日本に出かせぎに行き、がんばって働いてためたお金で2階建てから3階建てと、家を少しずつ建てましして、大きくしていったそうです。今ではこの家に、家族やきょうだい、親せきをふくめて15人で住んでいます。

このようにフィリピンでは、仕事がなかったり経済的によゆうがなかったりする家族や親せきを助け、おたがいにささえあう精神が根づいています。

▼居間でくつろぐ娘夫婦と子ども。コンピューターと携帯電話は必需品。写真左がドローレスさん。

▲ダイニングテーブルと奥に台所がある。

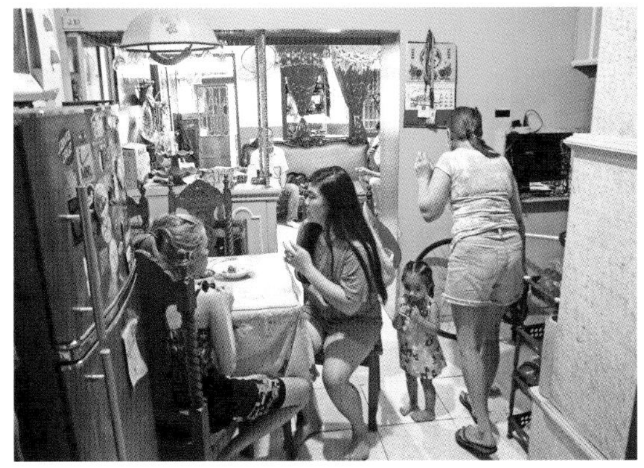

▲1階は居間と台所、水洗トイレとシャワー室がある。

▲3階の部屋とベランダは15人ぶんの洗濯物でいっぱい。

お米が主食の食卓

ご飯と大皿料理がならぶ食卓。食事の前には必ず祈りをささげる。

▲アドボという肉料理。ぶた肉を酢としょうゆで煮こんだもの。

▲空心菜やオクラなどを酢やしょうゆベースのたれでいためたもの。

▲フライドチキンはフィリピン人の大好物。家でも調理するが、外食や持ち帰ることも多い。

お米の消費量は日本の倍以上

フィリピン人の主食はお米です。1人当たりのお米の消費量は日本の倍以上で、食卓には必ずご飯（カニン）があり、そこに肉や野菜、魚などのおかず（ウラム）がならびます。大皿におかずを盛って、それぞれが食べるぶんだけ自分の小皿に取りわけて食べます。

お客さんがいる場合はいちばん先に食べ物に手をつけてもらい、食事中に知りあいが通りかかれば、あいさつとともに「いっしょに食べませんか」と声をかけます。つねにものを分けあうという気持ちが、フィリピン人にはあります。

▲すっぱくて少しかたいうちに食べるマンゴーとチキンのサラダ。

▲バナナの葉で包んで蒸したご飯。酢じょうゆとニンニクの香りがきいている。

▲タチウオとタマネギを酢につけこんだキニラウ。キニラウの上に焼いたぶた肉をのせている。

▲魚介や肉類、たくさんの野菜が入った酸味のあるシニガンスープ。

ここに注目!

フィリピン料理はからくない

東南アジアの料理というと、たくさんの香辛料やトウガラシが入ったからい料理を思いうかべることが多いでしょう。しかしフィリピン料理のベースには魚醤油やしょうゆ、酢、ココナッツミルクなどがよく使われ、日本人にも親しみやすい料理が多いことが特徴です。

▶やさしい味つけの、野菜のココナッツミルク煮。

さまざまな国の影響を受けたフィリピン料理

現在食卓にならぶフィリピン料理は、さまざまな国の影響を受けたものです。たとえば、長く続いたスペイン統治時代に肉料理や煮こみ料理、そしていすにすわってテーブルでフォークやスプーンを使って食べる食文化を、アメリカ統治時代にはハンバーガーやフライドチキンなどのファストフード文化を受け入れました。また、古くから中国との交易がさかんだったので、中国風の米料理やめん類も多くあります。

▲イスラム教徒が多い地域のスーパーには、イスラム教徒が口にできる食品、ハラールだけをあつかう専用のレジがある。

▲市場には小魚から開きにしたものまで、さまざまな種類の干物が売られている。

▲ナタデココが入ったジュースやスムージーは、まちのいたるところで売られている。

メリエンダと外食文化

おやつの時間は1日2回

フィリピンの食文化でわすれてはならないのが、メリエンダとよばれるおやつの習慣です。1日最低でも2回、午前10時くらいと午後3時くらいに間食をします。人によって食べるものはちがいますが、ほとんど食事としか思えないパンシットという春雨やビーフンのめん料理やサンドイッチもあれば、スナック菓子の感覚で食べるバナナキューや、タホというとうふに黒みつをかけたものなどがあります。

▶炭火で熱した石といっしょに焼く焼き栗。

▶ふ化直前のアヒルの卵、バロット。栄養価が高く、ビタミンも豊富。

▲春雨やビーフンに卵や小エビをのせた具だくさんのめん料理のパンシット。

▲市場には米粉やもち米、紫イモなどでつくられたもち菓子がならぶ。

▲バナナにさとうをからめて揚げたバナナキュー。まちかどの屋台でよく目にする。

家族でメリエンダの時間。パンシット２種類とケーキ、ビコというもち米のお菓子が食卓にならぶ。ボトルに入っているのは、ココナッツウォーター。

大衆食堂や屋台がたくさん

マニラのような大都市だけでなく、地方の小さなまちや村にもたくさんの大衆食堂や屋台があります。たいていのお店は持ち帰りができるので、家に台所を持たず、すべて外食ですませる人もいます。フィリピンは外食産業がさかんで、ファストフードのチェーン店もまちじゅうに見られます。

▲さまざまな料理がならぶ屋台。家でご飯だけをたいて、こうしたおかずを買う人も多い。

▲肉や海鮮の種類豊富なくし焼き。注文するとその場で焼いてくれる。

▲ダバオ湾にあるサマール島の海ぞいの大衆食堂。好きなおかずを選んでご飯と食べる。

▲屋台で売られていたココヤシの樹液でつくったお酒。アルコール度数は低い。

インタビュー

小売店の店員さん

これはココヤシの葉を格子状に編んでつくったプソという容器です。いちばん上の少し空いた部分からお米と水を入れて蒸すことで、おにぎりのようなご飯ができます。ココヤシの葉の香りがしておいしいんですよ。

発展する都市と乗り物

巨大都市マニラ

首都マニラは、正式にはマニラ首都圏（メトロ・マニラ）といい、約1300万の人びとがくらす大都市です。地方の農村から仕事を求めてマニラにやってくる人が多く、今も人口はふえつづけています。ただ、そうした人びとがみんなよい仕事につけるとは限らず、住むところに苦労していることさえあります。そのため近代的な高層ビルがたちならぶ地区のすぐ近くに、簡素な家と人びとが密集した場所があるのもマニラ首都圏の特徴です。

▲高層ビルがたちならぶ、経済の中心地マカティ市のオフィス街。

◀家と人が密集し、電線がからまりあう下まちの貧しい地区。

中華街とムスリム・タウン

フィリピンは、長い歴史の中でさまざまな文化や民族を受け入れてきました。マニラは、華人系（先祖が中国から来た人たち）の人びとの店や学校がある大きな中華街や、モスクを中心にイスラム教徒が多くくらしているムスリム・タウンなどがある、国際都市なのです。

▲漢字の表記とさまざまな商店がひしめきあう中華街。

▲イスラム教徒の礼拝所モスクや、イスラム学校もあるムスリム・タウン。

ルソン島のほぼ中央に位置するマニラは、フィリピンの政治・経済・文化の中心地。

交通機関と渋滞問題

マニラの交通機関には、3つの路線がある高架鉄道とバス、乗り合いバスのジプニーやトライシクルなどがあります。人口と自動車がふえるスピードに道路の建設が間にあわないため、いつも交通渋滞が起こっています。また、マニラのような都市部と地方をつなぐ交通は、鉄道ではなく長距離バスが一般的で、島じまを結ぶのは飛行機かフェリーです。

◀オートバイにサイドカーをつけたトライシクル。運賃は運転手と交渉して決めることが多い。

▲首都圏鉄道（MRT）3号線の電車と、つねに渋滞している道路。

▶ジプニーとよばれる乗り合いバス。どこで乗り降りしてもよい。初乗り運賃は9ペソ（約20円）。

▲長距離バスターミナル。中・長距離の移動は、大型バスを利用することが多い。

市場とまちを守る人びと

市場と近代的ショッピングモール

多くの人びとが日常的に利用するのがまちの市場です。さまざまな種類の食品や雑貨が安く販売されているので、いつも活気に満ちています。いっぽう、大企業が経営する近代的なショッピングモールやデパートは、家族づれでにぎわっています。ビルの中には必ずフードコートがあるので、そこで食事やメリエンダ（→16ページ）を楽しむ光景も見られます。

クリスマス前でにぎわうマニラの大きな生鮮食品市場。

▲お米の量り売りから、あめ玉１個まで売ってくれるサリサリ・ストア。

露店とサリサリ・ストア

フィリピンで特徴的なのは、道ばたに商品をならべて売る露店が数多くあることです。生産者から仕入れた仲買人や小売商が、その朝とれた野菜や果物を売りに来ていて、安くて新鮮な商品が買えます。またまちを歩いていると、金網におおわれた奥に商品が陳列されている小さな雑貨店をよく見かけます。これはサリサリ（いろいろな）・ストアといって、ジュースやお菓子、洗剤から文房具までなんでもそろう小売店です。古くから地元にあるお店が多く、買い物に来た人たちがおしゃべりをしたりする、社交や情報交換の場にもなっています。

◀道ばたで新鮮なとれたて野菜を売る露店。量り売りが基本。

▲荷車にディスプレイされた果物。味見もさせてくれる。

▲ダバオ湾にあるサマール島沿岸の魚市場でマグロをさばく店員さん。ほしい量を伝えれば、切りわけてくれる。

▲クーラーがきいていてすずしく、たくさんの人が行きかう、マニラ中心部にある近代的なショッピングモール。

▶モールの中のフードコート。フィリピン人はファストフードが大好き。

日常で銃を見かけるまち

フィリピンは、正式に登録すればだれでも銃の所有がみとめられる銃社会です。ショッピングモールや駅の入り口では、銃を持った警備員がかばんの検査とボディチェックをしますし、銀行にはショットガンを持った警備員が常駐しています。また警察官や救急隊員の出動も多く、まちの治安を良くするために昼夜目を光らせています。

▶渋滞の道を器用にぬけながら、急病人のもとへかけつける救急車。

▲銀行の入り口で警備するショットガンを持つ警備員。

◀中華街の中心部で待機するパトカーと消防車。

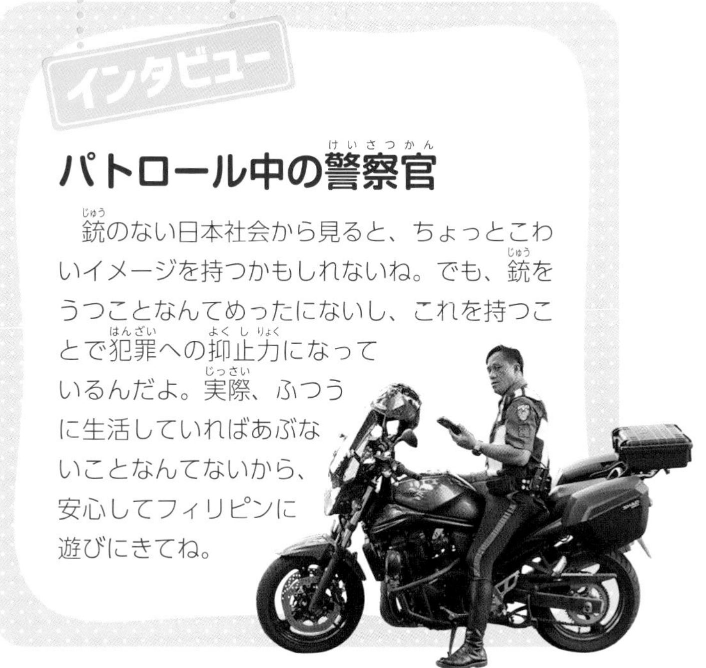

インタビュー

パトロール中の警察官

銃のない日本社会から見ると、ちょっとこわいイメージを持つかもしれないね。でも、銃をうつことなんてめったにないし、これを持つことで犯罪への抑止力になっているんだよ。実際、ふつうに生活していればあぶないことなんてないから、安心してフィリピンに遊びにきてね。

学校生活①

フィリピンの学校

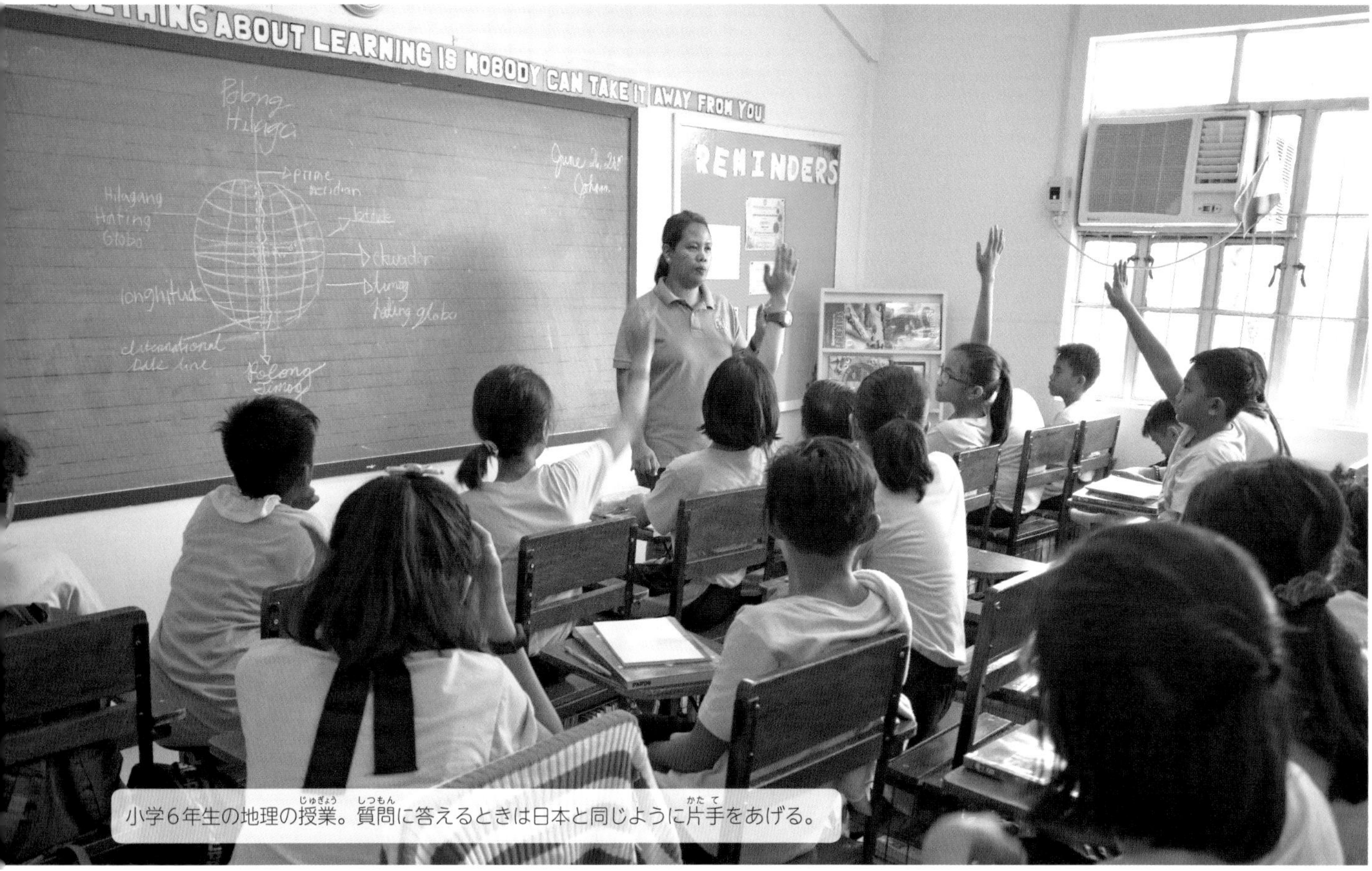

小学6年生の地理の授業。質問に答えるときは日本と同じように片手をあげる。

学校は勉強と道徳を学ぶところ

マニラ近郊のラグナ州サンペドロにある、コンセプション・キッズラーニングセンターは、保育園児から高校生までが通う私立一貫校です。学校の制服はありますが私服でもよく、体育のある日は体操着で授業を受けます。

この学校で特徴的なのは、休み時間や昼食時にはおしゃべりしたり元気いっぱいに遊んでいたりの子どもたちでも、ろうかを整列して歩き、整理せいとんを守っていることです。学校は知識だけでなく、道徳やルールを学ぶ場所という教育方針があるのです。

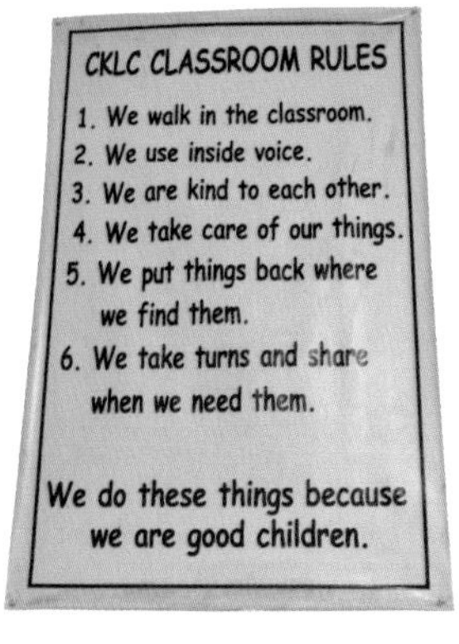

CKLC CLASSROOM RULES

1. We walk in the classroom.
2. We use inside voice.
3. We are kind to each other.
4. We take care of our things.
5. We put things back where we find them.
6. We take turns and share when we need them.

We do these things because we are good children.

◀教室を走らない、大声を出さない、おたがいを思いやるなどのルールが教室の壁にはってある。

▶休み時間は中庭に出て遊ぶ、元気いっぱいの子どもたち。

▲階段やろうかは右側をならんで歩く指導がされている。

▲体育の授業後は、水道前にならんでしっかり手洗い。

▲大きな校庭がないので、中庭で体操する保育園児。

▲保育園児のおやつの時間。ジュースとクッキーなどを食べる。

▲ろうかにはロッカーがあり、かばんや弁当箱などを入れておく。

フィリピンの教育制度

フィリピンの義務教育は6〜15歳までの10年制でしたが、2012年ごろから6〜17歳までの12年制（＋幼稚園1年）に移行を始めました。就学期間がふえて教育の質があがるいっぽう、働き始める年齢がおそくなって、家庭の金銭的な負担が大きくなったり、先生の数が不足したりという問題も出てきています。

フィリピンの学校制度		年齢のめやす
就学前教育	保育園や幼稚園	3〜4歳
初等教育	幼稚園（1年間）	5歳
	小学校（6年間）	6〜11歳
中等教育	中高一貫（6年間）	12〜17歳
高等教育	大学および専門学校	18〜21歳

インタビュー

澤田公伸さん　［記者・日本語教師］

私はフィリピンの日本語新聞「まにら新聞」の記者をしていますが、月に1回この学校で日本語を教えています。希望者だけの授業なのですが、日本に興味がある児童が多く、毎回たくさんの子どもたちが参加します。日本のみんなと友達になりたいと、いつも言っていますよ。

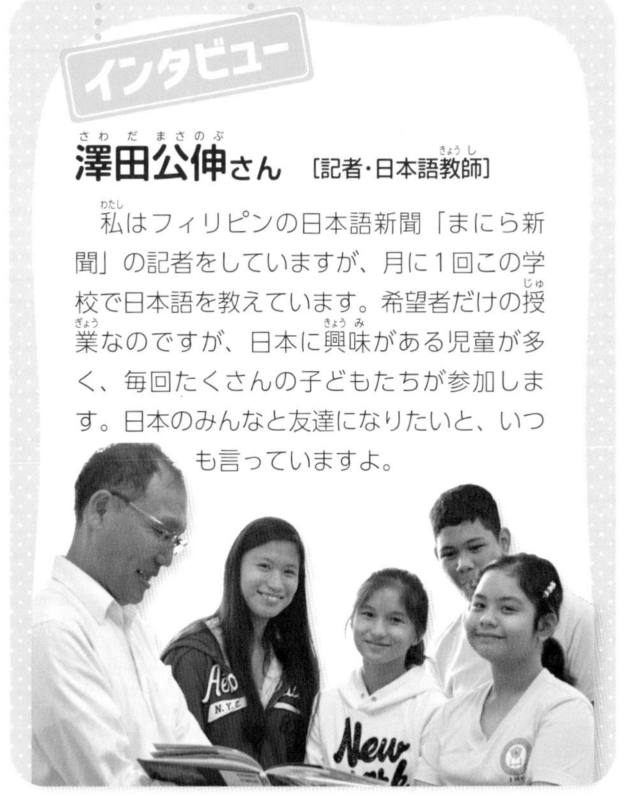

小学校から英語で授業

50分授業を7校時

ミンダナオ島ダバオ市の郊外にあるミンタル公立小学校は、朝7時20分の朝礼と国旗掲揚から始まります。各教科の授業時間は50分で、6年生だと午前中に4校時、午後に3校時を受けます。特徴的なのは、朝礼から1校時の授業の間に30分の「宗教・道徳」の時間があること、そして7校時の授業後に30分の「補習・自習」の時間があることです。

また、3年生からは英語の授業が始まります。中学からは、すべての授業が英語でおこなわれるので、そのための準備なのです。

3800人の児童と104人の先生がいる小学校。となりには中学校もあり、芝生の広い校庭が特徴的だ。

6年生の時間割

7：20	朝礼	13：00	⑤歴史
7：30	ホームルーム	13：40	図書館で調べもの
7：40	宗教・道徳	13：50	⑥家庭科／技術実習
8：10	①理科	14：40	⑦音楽／図工／体育／保健
9：00	②算数	15：20	図書館で調べもの
9：50	休けい10分	15：30	補習・自習
10：00	③英語	16：00	終業
10：50	④フィリピノ語		
11：40	手洗い		
11：50	昼休み		

◀時間割は1週間を通じて毎日同じ。⑦の授業は曜日によってかわる。

◀校門前にはスクールゾーンの標識があり、警備員がいて安全を守っている。

▶登下校には、両親や家族などの、保護者がつきそうことがルール。

登下校と昼ご飯

ミンタル小学校の児童の登下校は、基本的に親が送りむかえをしています。学校の門はふだんは閉じていますが、登下校の時間とお昼の1時間は開放されます。なぜかというと、この学校には給食がないので、親がこの時間に持ってきてくれて、木かげなどでいっしょにお弁当を食べる習慣があるからです。

▲昼食後は遊具などで午後の授業開始までいっぱい遊ぶ。

◀校舎横の公園で昼ご飯。親がつくってくれた米と干し魚などのお弁当を食べる。

▼校内で先生に会ったら、先生の手の甲を自分の額に当ててあいさつする。

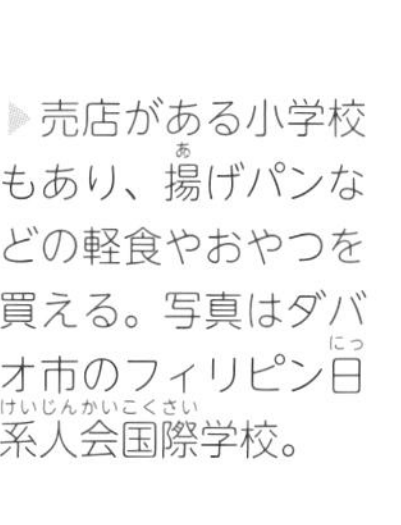

▶売店がある小学校もあり、揚げパンなどの軽食やおやつを買える。写真はダバオ市のフィリピン日系人会国際学校。

学校生活③

入学式と先住民族の学校

在校生たちが、新入生のために息のあった歌を披露する。

◀先生と児童たちの後ろには、たくさんの親や親せきが出席している。

新入生を歌でかんげい

フィリピン第3の都市ダバオにあるミンダナオ国際大学は、幼稚園から高校までの附属学校があり、比較的裕福な家庭の子どもが通う私立校です。フィリピン日系人会が運営していますが、日系人でなくても入学できるインターナショナル・スクールです。6月から始まる新学期の入学式では、先生のお話のあと、制服を着た在校生たちが歌で新入生をかんげいしました。

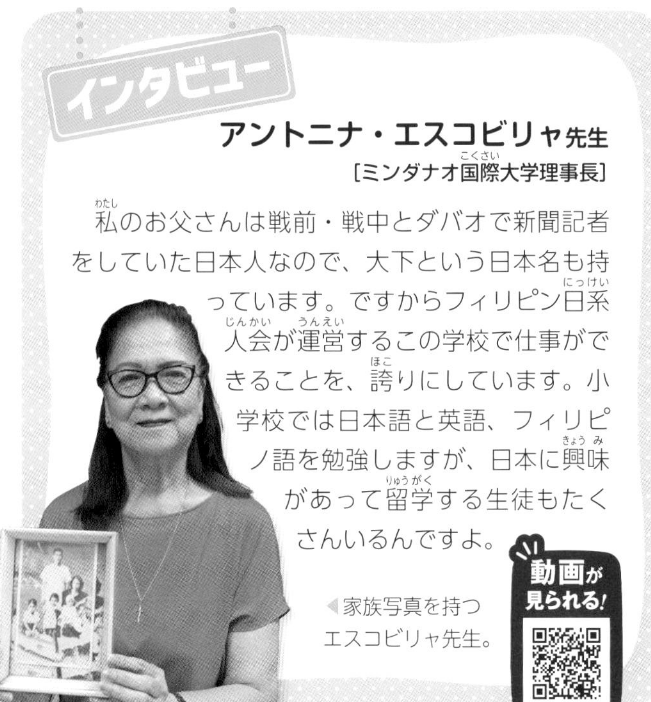

インタビュー

アントニナ・エスコビリャ先生
［ミンダナオ国際大学理事長］

私のお父さんは戦前・戦中とダバオで新聞記者をしていた日本人なので、大下という日本名も持っています。ですからフィリピン日系人会が運営するこの学校で仕事ができることを、誇りにしています。小学校では日本語と英語、フィリピノ語を勉強しますが、日本に興味があって留学する生徒もたくさんいるんですよ。

◀家族写真を持つエスコビリャ先生。

動画が見られる!

▶お菓子を食べたり自由で楽しい入学式。

バゴボ・タガバワ族の小学校

ダバオ市郊外の山の中に、バゴボ・タガバワ族という先住民族の子どもたちだけが通うアタンアウェ公立小学校があります。小学校低学年では、バゴボ・タガバワ族の言葉と、この地域で使われるセブアノ語で授業をしますが、少しずつフィリピノ語や英語での授業にしていきます。

授業時間は朝7時30分から午後4時30分まで。お昼休みは1時間です。フィリピンには先住民族がたくさんいるため、自分たちの文化や習慣を大切にしながらも、フィリピン人としての社会生活もできるように、先住民族専用の小学校があるのです。

▲児童も先生もバゴボ・タガバワ族の公立小学校。

▲フィリピノ語の授業に追いつけない児童の補習。

◀自分たちの民族の文化や習慣を教える授業もある。

▶お米と卵、干し魚が入ったお弁当が多い。

◀服装はきびしくなく、制服(右はしの子)でも私服でも登校してよい。

▲バゴボ・タガバワ族の学校は少ないため、山道を毎日2～3㎞歩いて登校する子どももいる。

変化する子どもの遊び

伝統的な遊び

フィリピンでは、どんな大都市や小さなまちでも、子どもたちが元気に遊んでいるすがたが見られます。遊び道具がなければ自分で探してきたり、工夫をこらしてほかのもので代用したりします。マニラのサンタアナ地区の子どもたちから教えてもらったいくつかの遊びや、ルソン島バナウェの先住民族イフガオ族の遊び、フィリピンのじゃんけんのしかたなどを紹介します。

▲手の表と裏を出しあって鬼を決める（上）。鬼が決まったら追いかけっこ開始（下）。

▲サンダルを投げて空き缶に当てるゲーム。

▲イフガオ族の木製スクーター。バナウェでは毎年レースがおこなわれる。

▼おもちゃの銃に輪ゴムをつけて飛ばす。

じゃんけんのルールは日本と同じで、グー（石）、チョキ（はさみ）、パー（紙）。

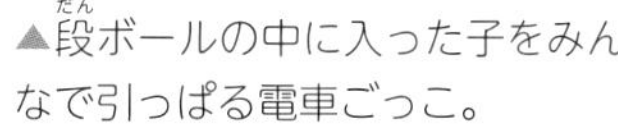
▲段ボールの中に入った子をみんなで引っぱる電車ごっこ。

▲浜辺で遊ぶ子どもたちにも、スマートフォンは必需品になっている。

携帯電話とネットを使いこなす

少し前まで、テレビやネットを使ったゲームは、都市部の裕福な子どもたちだけの遊びでした。しかし今はどこでもスマートフォンで動画を見たり、ゲームで遊んだりできますし、ペソネットとよばれるインターネットカフェなどに集まることも多くなりました。インターネットで世界とつながりながら遊ぶ方法は、子どもたちの新しい交流の形になっています。

▲1ペソ（2円）で5〜6分遊べるペソネット。対戦型ゲームが人気。

▲学校帰りに公園などに集まっておしゃべりする。

スポーツ・娯楽

体を動かすことが大好き

ダバオ湾にあるサマール島の滝公園で水遊びをする家族。

家族ですごす休日を大事にする

フィリピンの家庭は、休日を家族全員ですごすことを大切にしています。エアコンがきいているショッピングモールをみんなで散歩したり、公園でのピクニックや川遊び、カラオケなども人気です。知りあいの家に行って、おしゃべりを楽しむことも多いです。

ただし、日曜日の朝だけは特別です。朝6時くらいに教会の鐘が鳴ると、家族全員おだやかな気持ちで、せいけつな服を着て教会のミサに行くことが習慣になっています。

◀すずしいショッピングモールは家族づれでいつもいっぱい。

▲日曜日の朝は家族で教会のミサに出席する。ミサは神に感謝の祈りをささげる儀式だ。

▲牧場で乗馬体験をする親子。

◀何か祝いごとがあると、カラオケの機械をレンタルして、自宅でパーティーを開く。

インタビュー

ロペスさん一家

私はカビテ州のダスマリニャスというまちで自動車のエンジニアをしています。今日はお休みをもらえたので、タール湖畔にある森林公園に家族10人でピクニックに来ました。ここは標高700mの高地だからまちよりもすずしいし、みんなでバーベキューしたりするのは最高に楽しいんですよ。

バスケットボールはフィリピンの国民的スポーツ。

▲最近はサッカーも人気になってきた。

▲スケートボードを楽しむ子どもたち。公園の一角に専用の場所がある。

▲公園のテーブルがチェス盤になっている。

バスケットボールがいちばん人気

アメリカ統治時代の影響が強く残るフィリピンでは、バスケットボールがスポーツのなかでいちばん人気があります。まちのいたるところにバスケットのゴールがあり、いつでも男の子たちが遊んでいます。女の子が好きなのはダンスで、公園で音楽をかけながら、芸能人やダンスグループのふりつけをまねて練習したりしています。

フィリピンの人は、子どもも大人も歌をうたったり体を動かしたりすることが大好きです。まちではダンスのイベントがよく開催され、公園や市役所の広場などでは、大人数でおどったりエアロビクスをしたりするすがたが見られます。

◀森林浴しながらのピクニックを楽しむロペスさん(中央の男性)一家。

▲大人も子どももダンスやエクササイズが大好き。

行事と冠婚葬祭①

キリスト教とともに生きる

ブラック・ナザレ祭り。キアポ教会から年に1回運びだされる黒いキリスト像に触れると、奇跡が起こるとされる。

キリスト教にかかわる行事

フィリピンは、日本と同じように1月1日から1年が始まりますが、キリスト教と深くかかわる祝日やお祭りが多い国です。黒い等身大のキリスト像をかついでマニラのまちをねり歩くブラック・ナザレ祭りや、サントニーニョ（幼きイエス・キリスト）の像をかかげてセブのまちをパレードするシヌログ祭りなどがあります。そのほか、花や植物と先住民族の文化を紹介するバギオのフラワー・フェスティバル、農民の守護聖人サン・イシドロに祈りながら水牛に感謝をささげるカラバオ祭りなど、フィリピンの人たちは神と自然に感謝しながら毎日をすごしているのです。

▲パナイ島カリボのアティアティハンの祭り。幼な子イエスの像を抱いている人もいる。

▲キリストの復活を祝う復活祭。天使のすがたで行列する少女たち。

▲ブラック・ナザレ像。写真はトンド教会のもの。

◀クリスマスにはおしゃれして近所をまわり、お年玉やお菓子をもらう。

▶バナウェの祭りに伝統的な正装で集まるイフガオ族の長老たち。

クリスマスは最大のイベント

イエスの誕生を祝うクリスマスは、フィリピン最大のイベントです。早いところでは9月からイルミネーションのかざりつけがされ、まちのあちこちでクリスマスソングが流れはじめます。人びともプレゼントを用意したり、パーティーの計画や準備をしたりと大いそがしです。

12月の16～24日までの9日間は、早朝4時ごろからシンバン・ガビとよばれるミサが毎日おこなわれます。クリスマス当日の25日は海外に出かせぎに行っている家族なども集まり、みんなでお祝いをします。フィリピンの人は「クリスマスのために1年間働く」といわれるほど、大切にしている日なのです。

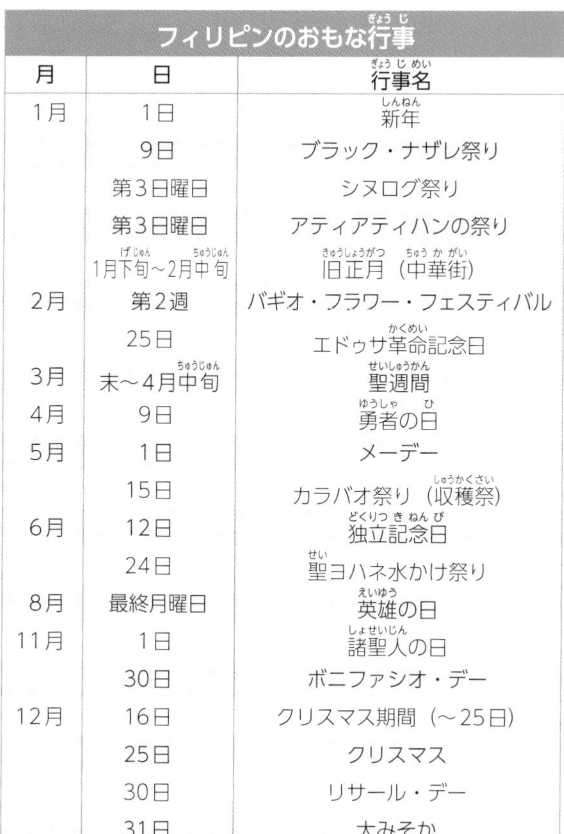

フィリピンのおもな行事

月	日	行事名
1月	1日	新年
	9日	ブラック・ナザレ祭り
	第3日曜日	シヌログ祭り
	第3日曜日	アティアティハンの祭り
	1月下旬～2月中旬	旧正月（中華街）
2月	第2週	バギオ・フラワー・フェスティバル
	25日	エドゥサ革命記念日
3月	末～4月中旬	聖週間
4月	9日	勇者の日
5月	1日	メーデー
	15日	カラバオ祭り（収穫祭）
6月	12日	独立記念日
	24日	聖ヨハネ水かけ祭り
8月	最終月曜日	英雄の日
11月	1日	諸聖人の日
	30日	ボニファシオ・デー
12月	16日	クリスマス期間（～25日）
	25日	クリスマス
	30日	リサール・デー
	31日	大みそか

＊このほか、イスラム教にまつわるラマダンや犠牲祭などがある（イスラム暦により、毎年日付がかわる）。

◀大いそがしの花市場。まちはクリスマス用の花であふれる。

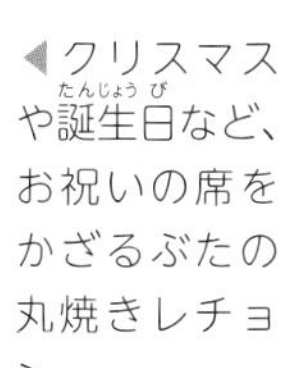

◀クリスマスや誕生日など、お祝いの席をかざるぶたの丸焼きレチョン。

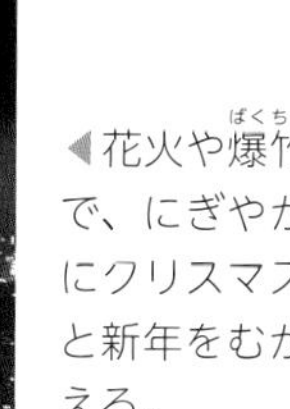

◀花火や爆竹で、にぎやかにクリスマスと新年をむかえる。

▼家族でミサに行って神父さんの説教を聞き、この1年に感謝する。

結婚式とお葬式

▲イントラムロスにあるサンチャゴ砦の前で記念撮影。男性はバロン・タガログ、女性はテルノという正装服を着ている。

教会でにぎやかな結婚式

カトリック教徒がほとんどのフィリピンでは、教会で結婚式をあげるのが一般的です。式の時間も長く、合計で2時間以上かかることもあります。特徴的なのは、結婚式の招待状に新郎新婦が決めた「色(カラーコード)」が書いてあり、たとえば色が「青」なら男性は青色の小物やネクタイをしめたり、女性は青色のドレスを着たりして参加することです。そのため式に集まる人びとの服装で教会が華やかになります。

◀教会での結婚式後にみんなで記念撮影。

▲花よめと花むこの新婚カップル。

▲この結婚式のカラーコードはグレー。

結婚式の参列家族

今日は姪っ子の結婚式に参加するために教会に来ました。カラーコードは水色です。色の指定などはありますが、フィリピンの結婚式はかたくるしくなくて、知らない人でも、普段着でも、自由に参加していいんですよ。たくさんの人にお祝いしてもらうことが大切なんです。

教会でのお葬式。讃美歌で故人をしのぶ。

▲土地を持っている一族のお墓は、大きくてさくで囲ってある。

▲ひつぎを何段も重ねている墓地。

▲幼くして亡くなった子どもたちの墓。

お墓は土葬でほうむる

フィリピンのお葬式は自宅か教会でおこなわれます。祭壇をつくり、日本の「お通夜」にあたる儀式を3日から1週間かけておこない、教会での礼拝後にお墓に土葬します。

自分の家のお墓の土地がある人は、一族の遺体が同じ墓地に入れられます。しかし土地を買うよゆうのない人たちは、お墓のひつぎが何段も重ねてある集団墓地のような場所に埋葬されます。最近は、土地が足りない問題もあって火葬して納骨する人もふえてきています。

◀ミンダナオ島ミンタルの墓地の一角に、日系人と太平洋戦争の戦死者の墓地がある。

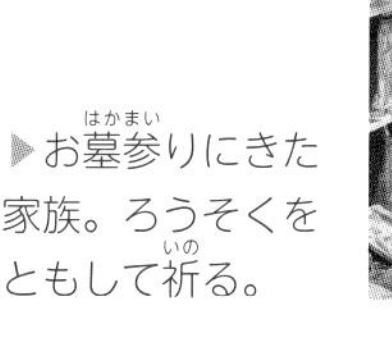
▶お墓参りにきた家族。ろうそくをともして祈る。

くらしの多様性①

特徴ある島じま

いろいろな顔を持つ島じま

フィリピンは7100以上の島じまからなる国です。大小さまざまある島には、美しい海がある観光地もあれば、小さな漁村、火山などの山岳地帯、熱帯林のジャングルなど、自然と深くかかわりながら人びとが生きています。

マニラのような大都市は、たしかに何でもそろって便利ですが、いっぽうで交通渋滞や大気汚染の問題があります。そのためちょっと不便なことがあっても、自然を愛し、時間の流れがゆっくりと感じられる島じまでの生活は、フィリピンの大きな魅力のひとつになっています。

インタビュー

ワハブ・ハサンさん

［タバオ湾にあるサマール島・イスラム教のイマーム（指導者）］

イスラム教徒が集まっているこの地域の指導者をしています。海辺にモスクがあるのですが、1日5回の礼拝をおこないます。子どもは7歳くらいから礼拝に参加しますが、聖典のコーランを読めるようになるのは13歳くらいからですかね。この地域に住む若者たちは、マニラなどの建設現場に出かせぎに行くので、私のような年長者が孫のめんどうを見ることが多いんですよ。

▶海辺のモスクで遊ぶ子ども。

▲潮の高さにあわせて海にせりだすように建てられた家。

▲学校帰りに海辺でお弁当を食べる子どもたち（セブ島）。

井戸水をポンプでくみあげて洗濯するお母さん（タバオ湾にあるサマール島）。

ミンダナオ島とサマール島を結ぶフェリー。たくさんの人や車を運ぶ。

▲水田が広がるルソン島北部サガダの平野部。

▲バナウェの山岳地域では農業でくらす人が多い。

▲ルソン島バナウェの山にくらす先住民族イフガオ族。

ここに注目!

戒厳令がしかれたミンダナオ地域

たくさんの民族と宗教があるフィリピンで、問題がないわけではありません。ミンダナオ島のある地域では、イスラム過激派組織による爆弾テロや市街地占拠事件などが起こっていて、数年間にわたって戒厳令*がしかれています。まちの人びとはごくふつうに生活を送っていますが、争いが平和に解決することを望んでいます。

▼道路のあちこちで軍による検問があり、荷物などのチェックを受ける。

▲ダバオ市役所前に配置された装甲車。

＊戒厳令…戦争や内戦など、国家の非常事態に発令され、軍隊が市民の移動の自由を制限したり、厳重な警戒を実施したりすること。

産業と伝統工芸

高齢化が進む農林水産業

フィリピンの主要な産業のひとつは農林水産業です。農村部では水田やバナナ農園などの農地が広がり、沿岸部には漁業で生活している人が多くいます。ただ、こうした仕事は生活が不安定になりがちで、若い人手が不足しています。農家の平均年齢は54歳と高齢です。

いっぽう、1990年代に進められた工業化政策によって電子機器などを製造する工場も多く、港湾では毎日貨物船の荷下ろしがおこなわれるすがたを見ることができます。

大人数で田植え。機械化されていないところも多く、もっぱら手作業だ。

▲港湾ではタンカーや貨物船が荷下ろしをおこなっている。

▲マグロなどの大型魚は海外に輸出されることも多い。

フィリピン農業の未来

化学肥料をいっさい使わない有機農法で、フィリピン農業の未来を考える人たちがいます。ミンダナオ島シブランのファームコープでは、野菜は国内で消費するものを生産し、バナナなどは海外への輸出専門に栽培することで、なるべく安定した経営をめざしています。値段は少し高めですが、安全で安心な野菜としてフィリピンの国民にも少しずつ浸透してきました。

▲ココヤシの実（ブコ）はまちのスーパーなどにおろす。

▼さまざまな野菜を種から育て、苗が育ったら畑に植える。

ギター工房

▲できあがった大量のギターが天井につるされた工房。

▲ギターの胴部分（ボディ）の形をつくっている。

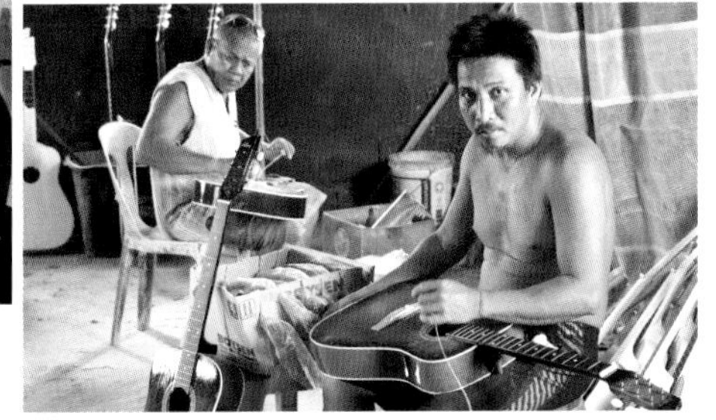
▲すばやい手さばきでギターの弦を張る職人。

受けつがれる伝統工芸

フィリピンは、スペイン統治時代の影響を受けたギター製造がさかんで、世界的にも有名です。ルソン島中部パンパンガ州にあるギター工房で、祖父からかぞえて3代目になる社長さんに、ギターの制作を紹介してもらいました。

また、彫金師としてフィリピン政府から表彰されたこともあるエドゥアルド・ムトゥックさんの工房におじゃまして、2代目の息子さんに彫金のやり方を見せてもらいました。どちらの工房でも、職人たちが自分の仕事に誇りをもって取り組んでいる姿勢が印象的でした。

彫金工房

❶たがねとよばれる先端が丸くなった工具で打って型どりする。
❷裏側にねんどをつけてあぶり、たたくことで強度をつける。
❸細いたがねで打って細かいもようをつけ、最後に切りはなす。
❹20分ほどで完成。

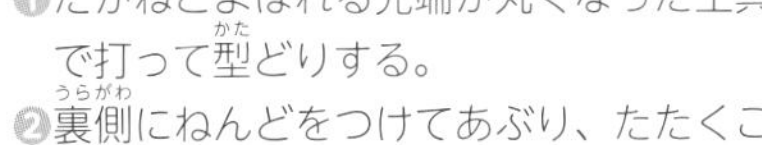

先住民族と伝統文化

伝統文化を守る人びと

フィリピンは300年以上の間、スペインの植民地支配を受けた歴史があり、キリスト教を中心にした生活が根づいています。しかしその支配がおよばなかった山岳地域などには、今も伝統文化を守っている多くの先住民族がいます。

たとえば、ルソン島北部のコルディレラ地方で山の斜面を利用した棚田を耕したり、工芸品をつくったりしているイフガオ族や、ルソン島サンバレス州の山奥で今も自然とともにくらしているアエタ族、ミンダナオ島ダバオ市郊外の山岳地域で生活するバゴボ・タガバワ族の人びとなどです。

▲イフガオ族の木工職人。紙やすりで表面をなめらかにしている。

▲バナウェの伝統的な地機という道具を使った手織り。

▲イフガオ族伝統の木彫りの工芸彫刻。太陽や星など自然のモチーフが多い。

▼▶サガダにあるハンギング・コフィンとよばれるつりひつぎ。イゴロット族の風習で、がけにひつぎをつるすことで魂を永遠に祝福する。

▲イフガオ族の少女。

先住民族のこれから

いくつかの先住民族には、山間部の奥で生活し、ほかの民族や周囲のコミュニティ（社会）とのつながりをのぞまない人びともいました。しかし近年は、先住民族専用の公立小学校もあり、そこではフィリピノ語の授業とならんで自分たちの言葉や文化、伝統を教えています。

先住民族の子どもたちは、フィリピン社会の一員として生きていく方法も学びながら、民族としての誇りをわすれず、さらにどう未来に伝えていくかを考えつづけています。

▲ミンダナオ島にあるバゴボ・タガバワ族の子ども専用の公立小学校。

アエタ族の森の中で生きる知恵

▲パユヨット：葉っぱをつないで手首に巻きつけるとせきがおさまる。

◀ビカル：ツル科の植物で、切ると水分をとることができる。

◀火を起こし、竹づつで米をたく伝統的な方法。

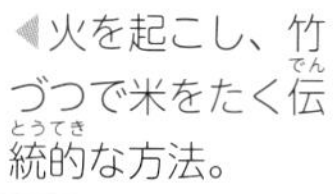

▲ティビッグ：葉の表皮を少しきざみ、頭につけると頭痛や熱が引く。

生きる知恵の継承　ノエル・アブラハムさん

［サバイバル・トレール公園ガイド］

私はフィリピンにもっとも古くから住んでいるといわれるアエタ族です。山奥の集落に350家族ほどが住んでいます。私は小学校にも行っていませんが、親と森から、生きるためのすべての知恵を受けつぎました。でも私の子どもには、今の時代にあった生き方ができるよう、学校に通わせています。

このイタックとよばれる刀は、木や植物を伐採したり料理に使ったりと、森の中で生きる私にとって、命の次に大切なものなんですよ。

豊かな自然を守るために

高まる環境問題への意識

フィリピンの熱帯のあたたかい海にはサンゴが育ち、色とりどりの海水魚が泳いでいます。そして熱帯林には、めずらしくて美しい動物、植物が見られます。このように、山や川、海そして森と自然豊かなフィリピンですが、近年は森林の伐採やごみの問題、大気汚染などによってすがたを消してしまった動植物も多く、山の土砂くずれや川のはんらんなども問題になっています。そのためフィリピンの人びとは、以前よりもさらに強く環境問題を意識するようになり、国の対策だけでなく、個人個人でもさまざまな取り組みを始めています。

車が渋滞して大気汚染がはげしいマニラ都心部。排ガスで空がけむっている。

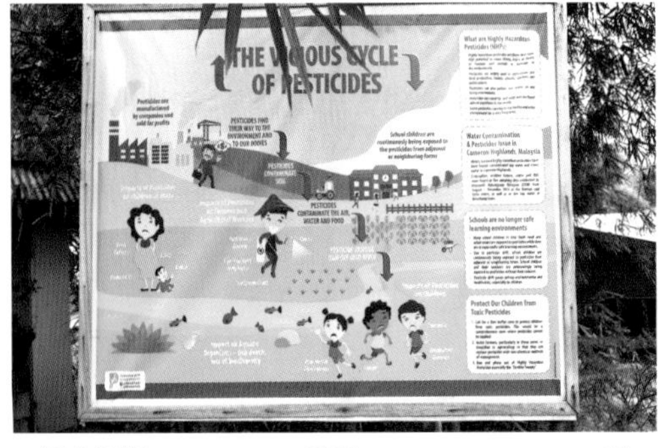

▲有機栽培農場にある、公害が起きるシステムを紹介するボード。

▲ココナッツのからを使った合成炭を売る店。石炭より大気汚染物質が出ないという。

ダバオ市のごみ収集車。焼却施設がないので、ごみは処分場にうめたてられる。

▲マニラでは雨が多くなると、すぐに道路が水につかってしまう。

▲パッシグ・マリキナ川ぞいに設置された、雨水などをためる非常用の水のタンク。

大気汚染の解消に向けて

都市部では、渋滞問題とならんで車の排ガスによる大気汚染が深刻な問題になっています。そこで政府や自治体は、排ガスがとくに深刻なジプニー（→19ページ）にかわるものとして、電動のバスやトライシクルの導入を進めるとともに、日本の国際協力機構（JICA）と協力して、電車の路線拡張や地下鉄の建設計画なども進めています。

▲マニラの警察署前にある、ペットボトルの分別をすすめるごみ箱。

▲▼排ガスを出さない電動バスや、トライシクルの普及を進めている。

◀国鳥フィリピンワシ。森林の伐採などですみかをうばわれ、現在絶滅の危機にあるため、施設に保護されている。

日本との関係

長い歴史をもつ両国の関係

日本の血を引く日系人

フィリピンと日本の間には黒潮が流れているので、昔は潮の流れをうまく使って両国の船が行き来していました。その交流は、フィリピンがスペインの支配を受けるずっと前からあり、日本からは銀を運び、フィリピンからは金や中国産の生糸、絹織物などを持ち帰っていました。

17世紀に江戸幕府が出した鎖国令によって、両国の交流は一時とだえますが、フィリピンがアメリカ支配にかわった20世紀はじめ、大量の日本人労働者がフィリピンへ出かせぎに行きました。現地で結婚してそのまま残った人もいて、日系人とよばれる人が多いのはそのためです。

フィリピン日系人会インターナショナル・スクールの校舎。

▶ミンダナオ国際大学附属小学校で日本語を教える先生たち。日本人の先生もいる。

▶聖ロレンソ・ルイスの像。江戸時代初期に布教活動で日本に来たが、とらえられ長崎で処刑された。その後フィリピン人で初のカトリックの聖人となった。

ここに注目!

戦争の記憶

日本とフィリピンの歴史のなかで、ぜったいにわすれてはいけないことがあります。それは、日本軍が1941年にハワイの真珠湾を攻撃したことから始まったアメリカとの戦争です。日本軍は当時アメリカの植民地だったフィリピンに攻めいり、アメリカを追いだしてフィリピンを独立させました。しかし独立とは名ばかりのもので、たんに支配者が日本軍になっただけでした。

1944年、アメリカ軍の力をかりて多くのフィリピン人が反撃に出ました。日本軍は敗走を続け、はげしい戦いで両国に多くの死傷者が出ました。そして1945年の日本の敗戦によって、フィリピンは翌年に独立をはたしました。スペイン、アメリカ、日本と支配されてきた歴史からようやく解放されたのです。

▶「死の行進」のモニュメント。日本軍は投降したアメリカとフィリピンの捕虜を炎天下のなか100km以上先の収容所まで歩かせ、たくさんの人が行進中に亡くなった。

▲貴金属の店。フィリピン産の金は世界的に有名で、日本との交易の主要な品だった。

戦後の両国の関係

1941年から始まった太平洋戦争で、日本はフィリピンを占領・支配しました。戦後、両国の間で戦争賠償や経済協力の話しあいがもたれ、関係は回復していきました。現在、日本からの政府開発援助（ODA）額は世界1位で、さらにはさまざまな企業や公的機関を通して、フィリピンの開発支援を積極的におこなっています。

日本の国際協力機構（JICA）では、生活や産業の基礎となる道路や上下水道などの整備や技術支援、災害への対策など多くの分野で技術・人的支援を続け、成果をあげています。また、人手不足の日本の各産業分野で、フィリピン人材が活躍しています。このように、今後も両国で手を取りあい、平和な関係を築いていくために、交流を続けていくことが大切です。

▲JICAがおこなっている、マニラのパッシグ・マリキナ川の護岸工事。

▲JICA指導のもと、安全な水を供給するための水質検査を実施（セブ島）。

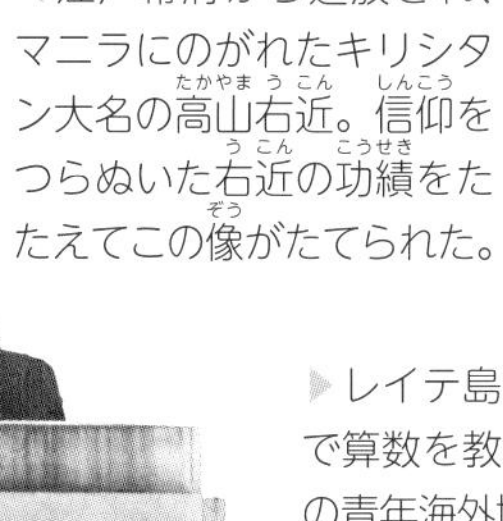

◀江戸幕府から追放され、マニラにのがれたキリシタン大名の高山右近。信仰をつらぬいた右近の功績をたたえてこの像がたてられた。

▶レイテ島の小学校で算数を教える日本の青年海外協力隊員。

◀ジャパニーズ・トンネル。日本軍がかくれ基地として使っていた地下トンネルあと。

▶戦争記念塔。日本の将軍がここキアンガンで捕虜になり、降伏文書に署名した。

▲日本のODAによって建設された、ニノイ・アキノ国際空港の記念プレート。

フィリピン基本データ

正式国名

フィリピン共和国

首都

マニラ

言語

フィリピノ語が国語であり公用語。英語も公用語として使われている。ルソン島中央部はタガログ語、北部はイロカノ語、ビサヤ諸島はセブアノ語などが使われ、80前後の言語があるといわれている。

民族

主流はマレー半島を起源とするマレー系の人びと。中国系やスペイン系も多く、それらの人びとと混血した人たち。少数だが、自然とともにくらす先住民族の人びとがいる。

宗教

国民の90%以上がキリスト教徒で、そのほとんどがカトリック信者。華人系の人びとの間では、仏教や道教も信仰されている。南部のミンダナオ島などでは、イスラム教徒も多い。

▲マニラのトンド教会で祈りをささげるキリスト教徒たち。

通貨

通貨単位はフィリピン・ペソとセンタボ（1ペソは100センタボ）。100ペソは約214円（2020年1月時点）。紙幣は1000、500、200、100、50、20、10、5の8種類。硬貨は10、5、1ペソと、50、25、10、5、1センタボがある。ただし、200、10、5ペソと50、10、5、1センタボ硬貨はほとんど流通していない。

▲2020年現在、フィリピンで使われている紙幣と硬貨（一部）。

政治

政治体制は立憲共和制で、元首は大統領。立法を担当する上院（任期6年）と下院（任期3年）の二院制の議会、大統領を中心に行政を担当する政府、司法を担当する裁判所からなりたっている。大統領と副大統領は国民の直接選挙で選ばれる。

情報

テレビは国営テレビが1局、民放が6局ある。フィリピノ語と英語で放送されているが、中国語の番組もある。ラジオは公用語の放送以外に、地方ではその土地のことば（たとえばビサヤ語）などでも放送されている。新聞は英語が主流だが、フィリピノ語のものも発行されている。

産業

主要産業は農林水産業。農業は米、トウモロコシなど国内向けの小規模経営と、ココナッツ、サトウキビ、バナナなどの輸出向け大規模農園にわかれる。近年、コールセンター事業など、外部からの委託業務などをふくめたサービス業が大きく成長し、この事業にたずさわる労働人口が増加している。

貿易

輸出総額 693億ドル（2018年）

おもな輸出品は、半導体をメインとした電子・電気機器、輸送用機器など。おもな輸出先はアメリカ、香港、日本など。

輸入総額 1193億ドル（2018年）

おもな輸入品は、化学製品などの半加工品である原料、通信機器や電子機器、燃料など。おもな輸入先は、中国、韓国、日本など。

日本への輸出

1兆1520億円（2018年）

おもな輸出品は、電気機器や一般機械、金属鉱と金属くず、バナナなど。

日本からの輸入

1兆2444億円（2018年）

おもな輸入品は、電気機器や一般機械、バスとトラック、鉄鋼など。

軍事

（2019年）

兵力 14万2000人

予備役は約13万人。兵役はなく志願制。

フィリピンの歴史

スペインによる長い支配

約3000年前、マレー系の人びとがアジア大陸や周辺の島じまから、現在のフィリピン諸島にやってきた。そして稲作を中心とする農業をおこないながら、フィリピン各地に住みついた。現在のフィリピン人の多くは、このマレー系の人びとの子孫である。15世紀半ばには、スルー王国とよばれるはじめての国家が誕生し、中国と交易をしていたとされる。

1521年、世界一周をめざして航海していたスペインの航海家、マゼランの艦隊がセブ島に達する。マゼラン一行は、住民たちにスペインへの忠誠をせまった。そうした侵略に立ちむかい、マゼランをたおしたマクタン島の首長ラプラプは、フィリピンの英雄とされる。

その後もスペインからの軍の派遣はとぎれなく続き、フィリピンの島のほとんどがスペインの支配下におかれることになった。住民たちのキリスト教への改宗も進み、現在の首都マニラは、スペインによるアジア交易の拠点として成長していく。フィリピンという国名は、スペインの当時の皇太子だったフェリペ2世にちなんで、このころ名づけられたもの。

▲スペイン統治時代の面影をいまも残すカーサ・マニラ

独立運動と日本による占領

18～19世紀、スペインはフィリピンの気候にあったタバコなど商品価値の高い作物の強制栽培を始め、植民地としての開発を進めた。1880年代からヨーロッパに留学して進んだ学問を学んだフィリピン人もふえ、そのひとりホセ・リサールは、スペインの支配に疑問をいだいた人物。彼は小説で自由と平等をうったえることで、人びとの独立の意識を高めていく。しかし1896年、スペイン政府は彼を危険人物として銃殺刑にした。

1898年、スペインがアメリカとの戦争に突入すると、フィリピン革命をひきいてきたエミリオ・アギナルドが独立を宣言。初代大統領に就任してフィリピン共和国を建国する。しかし戦争に勝ったアメリカは、領有権をスペインから買いとることでアギナルドを降伏させ、フィリピンを支配下においた。

▲フィリピンの人びとに独立の意識をうえつけた英雄ホセ・リサールの像。

その後の太平洋戦争の際、1942年1月から日本軍はフィリピンを占領し、フィリピン全土で日本軍とアメリカ軍の戦闘がくりひろげられた。

独裁から民主化へ

1945年、日本の降伏によって太平洋戦争が終わると、フィリピンは翌年に独立を宣言。ただし、独立後もアメリカ軍の基地が置かれ、経済的にもアメリカ合衆国の影響を強く受けることになる。

1965年には、フェルディナンド・マルコスが大統領に就任。貿易の自由化などの取り組みで経済成長をはかるが、そのいっぽうで反対派への弾圧を強めるなどの独裁政治をおこなった。マルコス大統領を批判していたベニグノ・アキノ元上院議員が1983年に暗殺されると、人びとのなかでマルコスの退陣を求める抗議運動がさかんになる。1986年に実施された大統領選挙でマルコスは、暗殺されたベニグノの夫人、コラソン・アキノと戦うが、不正をおこなったことが発覚して敗れ、国外へ亡命した。

大統領になったコラソン・アキノは、民主主義の復活をめざして新憲法を制定し、1991年にはアメリカ軍をフィリピンから撤退させた。しかし民主主義の道のりはまだ遠く、その後も複数の政権がさまざまな改革をおこなうが、政治家による汚職や不正がたびたび問題になり、多くの課題が残った。

2016年には、汚職や治安の改善を公約にしたロドリゴ・ドゥテルテが大統領に就任。麻薬の撲滅などで結果を出しているものの、その強引な手段に批判もある。さらに2017年にはイスラム過激派組織とのあいだで大規模な戦闘が起こるなど、いまだ不安定な情勢が続いている。

さくいん

あ

か

さ

た

な

は

ま

ら

取材を終えて

関根 淳

20数年前、ある日本映画のフィリピンロケに、助監督として参加したことがあります。私をふくめて日本人が7人、フィリピン人スタッフが40数人の撮影現場でしたが、初日の撮影後にフィリピン人スタッフからの強い希望で、ミーティングがひらかれました。その内容は、おもに撮影方法への苦情と改善の要望でした。たとえば、食事の時間を1時間は確実にとってほしい、現場では大きな声を出さないでほしい、ミスをしてもほかのスタッフの前でしからないでほしい、などでした。当時の日本の現場の常識は、食事を味わう時間もなく食べ、大きな声を出して働くことで、今だれが何をしているのかわかる、ミスをしたらしかられるのは当然、というもので、文化や風習のちがいにおどろいた記憶があります。

今回、フィリピンに合計で2か月近く滞在して、現地の文化や習慣を取材したことで、当時の記憶がよみがえってきました。そして20数年をへてわかったことは、フィリピンでは食事はもちろん、メリエンダというおやつも、1日のなかで欠かせない大切な時間であること。フィリピンの人たちのなかには大声で話す人も多いのですが、たぶん日本人スタッフの日本語での大声が、どなっているように聞こえてこわかったのだろうということ。

▲みんな明るく、笑顔がすてきなフィリピンの子どもたち。

そして、フィリピンでは人前でしかられることを、最大の恥と考えていることなどがわかりました。

今回の取材で、以前の印象とかわらなかったことも多くあります。それは、フィリピンの人たちは陽気で物おじしない性格で、コミュニケーション能力が高いこと。英語での会話がスムーズにでき、優秀な人が多いことなどです。これはつまり、世界で活躍できる要素がすべてそろっていることを意味していて、実際に世界じゅうでフィリピン人材の獲得合戦がおこなわれているのです。今後、世界的にもフィリピンの存在感が、さらに大きくなっていくことを楽しみにしています。

●監修

寺田勇文（上智大学名誉教授）

●取材協力（順不同・敬称略）

アタンアウェ小学校／アントニナ・エスコビリャ／エドゥアルド・ムトゥック工房／コンセプション・キッズラーニングセンター／澤田公伸／JICAフィリピン事務所／センディン家／ティオンコ家／ドローレス家／ノエル・アブラハム／福田美智子／ミンダナオ国際大学／ミンタル小学校／リカフレンテ家／ルマノッグ・ギター工房／ワハブ・ハサン／FARMCOOP／Karl Ian Uy Cheng Chua／Sibulan Organic Banana Growers Multi-purpose Coop

●写真協力

JICAフィリピン事務所（p.45中・右上・右中）

●参考文献

大野拓司／寺田勇文・編著『現代フィリピンを知るための61章』（明石書店）

大野拓司／鈴木伸隆／日下渉・編著『フィリピンを知るための64章』（明石書店）

井出穣治『フィリピン―急成長する若き「大国」』（中公新書）

鈴木静夫『物語 フィリピンの歴史「盗まれた楽園」と抵抗の500年』（中公新書）

原田瑠美『フィリピン家庭料理入門』（農山漁村文化協会）

岡部牧夫『海を渡った日本人』（山川出版社）

『データブック オブ・ザ・ワールド2020』（二宮書店）

●地図：株式会社平凡社地図出版

●校正：株式会社鷗来堂

●デザイン：株式会社クラップス（佐藤かおり、神田真里菜）

現地取材！ 世界のくらし6

フィリピン

発行　2020年4月　第1刷

　　　2023年12月　第2刷

文・写真　：関根淳（せきね まこと）

監修　：寺田勇文（てらだ たけふみ）

発行者　：千葉均

編集　：浦野由美子

発行所　：株式会社ポプラ社

〒102-8519　東京都千代田区麹町4-2-6

ホームページ：www.poplar.co.jp

印刷　：TOPPAN株式会社

製本　：株式会社ハッコー製本

ISBN978-4-591-16526-3

N.D.C.292/47P/29cm

現地取材！ 世界のくらし

Aセット 全5巻（❶～❺）

Bセット 全5巻（❻～❿）

続刊も毎年度刊行予定！

- 小学高学年～中学向き
- オールカラー
- A4変型判　各48ページ
- 図書館用特別堅牢製本図書